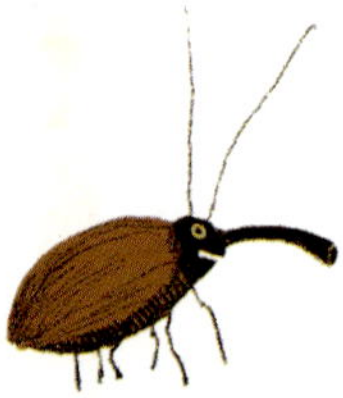

Rédaction : Agnès **Vandewiele**
Direction artistique, conception graphique et réalisation :
F. **Houssin** & C. **Ramadier** pour **Double**, Paris.

Direction de la publication : Dominique **Korach**
Direction éditoriale : Françoise **Vibert-Guigue**
Édition : Brigitte **Bouhet**
Fabrication : Jacques **Lannoy**

21, rue du Montparnasse 75006 Paris. ISBN 203553035-0.
Photogravure Offset Essonne. Dépôt légal : avril 2003. N° de projet 10091127.
Conforme à la loi numéro 49 956 du 16 juillet 1949 sur les publications destinées à la jeunesse

MES PETITES ENCYCLOPÉDIES LAROUSSE

La forêt

Illustré par **Marc Boutavant**

LAROUSSE

Promenons-nous dans la forêt

Dans la forêt, les **arbres** poussent les uns à côté des autres.
Il y en a de **toutes sortes**.

Sous les arbres,
il y a des **arbustes**
et des **plantes**.
C'est
le **sous-bois**.

À feuilles ou à aiguilles ?

Il existe **deux** grandes **sortes d'arbres**.

Ceux qui perdent leurs feuilles en hiver, comme le **chêne**. Ce sont des **feuillus**.

Le **gland** est le fruit du chêne.

La **feuille** du chêne est très découpée.

Ceux qui gardent
leurs aiguilles
toute l'année,
comme le **sapin**.
Ce sont
des **conifères**.

Les **aiguilles**
sont les feuilles
du sapin.

La **pomme**
de pin est
le fruit
du sapin.

Les **petites bêtes**

Par terre, **sous les feuilles** et **sur les vieux troncs**, s'agitent une multitude de **petites bêtes**.

limace
cerf-volant
ver de terre
araignée
chenille

Où se **cachent**-ils ?

Beaucoup d'animaux vivent dans la forêt.
On ne les voit pas souvent,
car ils sont **bien cachés**.

cerf
sanglier
loir

Quel est donc cet arbre ?

Pour **reconnaître** les arbres, il faut bien **observer** leurs feuilles.

le **chêne**

le **hêtre**

l'**érable**

le **frêne**

le **châtaignier**

le **bouleau**

le **pin sylvestre**

le **sapin**

C'est bon !

En été et en **automne**,
on peut ramasser des **fruits délicieux**.

Les **champignons** ont un **pied** et un **chapeau**.
Les meilleurs sont les cèpes.

Attention, certains contiennent un **poison mortel**,
il ne faut surtout pas les toucher!

Les 4 saisons de la forêt

En **automne**
Les feuilles et les fruits **tombent** des arbres.

En **hiver**
La forêt se repose. Il n'y a **plus de feuilles** sur les arbres.
Seuls les sapins, le houx et le gui restent verts.

Au **printemps**
Les arbres se couvrent de **bourgeons** puis de feuilles vert clair.
Le sous-bois est tapissé de **fleurs**.

En **été**
Les arbres sont verts. Leurs branches grandissent.
Il y a des **fleurs** et des **fruits**.

Du gland au chêne

Les **grands chênes** de la forêt ont commencé par être de **petits glands**.

En automne, les **glands tombés** du chêne sont mangés par les animaux.

Parfois, il en reste un. Il **dort tout l'hiver**.

Au printemps, il **germe**.

Une **première racine** s'enfonce dans le sol.

Une petite tige sort, c'est le **tronc** de l'arbre.

Un premier bourgeon donne les **premières feuilles**.

À **un an**, il est encore tout petit.

À **5 ans**, ses **branches** se développent.

À **20 ans**, son écorce lisse commence à **se friper**.

Il a ses **premiers glands** vers **40 ans** seulement !

Dans un chêne

Le **gui** lui vole sa sève.

Du **lierre** grimpe sur son tronc.

Le **lichen** s'accroche sur ses branches.

De la **mousse** et des **champignons** poussent sur ses racines.

Le **geai** se régale de ses glands.

Les
petites boules
sous les feuilles
s'appellent
des **galles**.
Dedans,
il y a une larve
d'insecte.

Le **pic**
y creuse
son nid.

Le **blaireau** creuse
son terrier
entre ses racines.

La **nuit** dans la **forêt**

Beaucoup d'animaux ne sortent de leur **cachette** que la nuit.

La **chouette** hulule quand la nuit tombe. Elle part chasser.

Grâce à ses gros yeux ronds, le **hibou** voit bien dans le noir.

Le **renard** chasse.

Le **hérisson** est un grand marcheur.

La **chauve-souris** attrape les insectes en vol.

Le **cerf** aime les herbes tendres de la clairière.

Le **blaireau** quitte son terrier.

Les **lapins de garenne** sortent en bandes.

Là-haut sur la montagne

En montagne, plus on monte, plus il fait froid.
Dans les forêts de montagne, il y a des **pins**, des **sapins**, des **mélèzes**…
Ces arbres supportent bien l'hiver et le froid.

Les animaux aussi doivent s'adapter au froid.

Les **chamois** sont de vrais alpinistes.

Les **marmottes** dorment tout l'hiver.

Dans le Grand Nord

Tout autour du **pôle Nord** s'étend la plus grande forêt de **conifères** du monde : c'est la **forêt boréale**. On l'appelle aussi la **taïga**.

Le **renne** a de grands sabots pour marcher dans la neige.

Les animaux doivent chercher leur nourriture **sous la neige**.

L'**hermine** est toute blanche en hiver. Très pratique pour se cacher !

Les **loups** marchent
à la queue leu leu.

Le **renard polaire** lui aussi est tout blanc.
Sa grosse queue lui tient chaud
quand il dort.

Dans la grande forêt d'Amazonie

La forêt d'Amazonie est immense.
C'est une forêt toujours verte.
On y trouve des milliers d'espèces d'arbres,
de plantes et d'animaux.

Le paresseux
passe son
temps suspendu
à la même
branche.

Le jaguar
peut grimper
aux arbres.
C'est le plus
grand chasseur
de la forêt.

Le toucan se sert de son énorme bec pour cueillir des fruits.

Dans les arbres vivent des singes et beaucoup d'oiseaux et d'insectes.

Des forêts dans l'eau

Certaines forêts poussent dans la mer :
on les appelle des **mangroves**.

Les arbres de ces forêts ont d'**énormes racines** qui ressemblent à des échasses. Ce sont des **palétuviers**.

La plus grande forêt de mangrove du monde se trouve en **Inde**. C'est là que vit le **tigre du Bengale**. C'est un excellent **nageur**. Le **périophtalme** est un poisson capable de **marcher sur terre** avec ses nageoires.

Dans la jungle

Dans la forêt africaine vit le plus grand singe du monde : l'énorme **gorille**. Il ne mange que des **feuilles**. Et chaque soir, il refait un nouveau nid avec des branches.

Records

Les plus **vieux**

Les plus vieux arbres du monde se trouvent aux **États-Unis**. Ils ont plus de **5 000 ans** !

Le plus **haut**

Le plus grand arbre du monde est aussi aux États-Unis. C'est un **séquoia**. Il est aussi haut qu'un **gratte-ciel** de 30 étages. Il a **2000 ans**.

La plus **grande**

La **grenouille Goliath**, qui vit dans les forêts d'Afrique, est la plus grande grenouille du monde.

Le moins **frileux**

Le **mélèze** est le seul conifère qui perd ses aiguilles en hiver.

Un **million** d'allumettes

Avec le bois d'un arbre, on peut faire **un million d'allumettes**.

Le plus **rapide**

Les **bambous** ne sont pas des arbres mais des herbes géantes qui poussent très vite.